MÉMOIRE

ADRESSÉ PAR

M. H. CLAPIER

EX-ARCHITECTE DE LA VILLE DE BRIVE

OFFICIER D'ACADÉMIE

A MESSIEURS LES MEMBRES

COMPOSANT LE CONSEIL DE PRÉFECTURE

DE LA CORRÈZE

SOCIÉTÉ ANONYME D'IMPRIMERIE

DE VILLEFRANCHE-DE-ROUERGUE

Jules BARDOUX, directeur.

A MESSIEURS LES MEMBRES

COMPOSANT

LE CONSEIL DE PRÉFECTURE DE LA CORRÈZE

Messieurs,

Je viens répondre à toutes les attaques injustes dont j'ai été l'objet depuis la dissolution du conseil municipal présidé par M. Roche, de la part de la municipalité et du conseil municipal actuels.

J'ai à cœur de prouver que cette municipalité et ce conseil municipal, sans raison aucune, ont cherché constamment et intentionnellement, et en toutes circonstances, à nuire à ma considération, à porter atteinte à mon renom professionnel.

J'ai à cœur de prouver qu'ils ont pleinement réussi à accomplir la triste besogne qu'ils s'étaient imposée.

J'ai à cœur de prouver qu'ils m'ont sans motifs supprimé la moitié de mon traitement, la première année de leur gestion, et la totalité à la fin de la seconde ; et que c'est également sans motifs et d'une façon inqualifiable que j'ai été révoqué comme architecte de la ville.

Je viens en outre réclamer les honoraires qui me sont dus.

HOTEL DES POSTES

La convention pour la construction de l'hôtel des Postes fut signée par M. Roche, maire, au mois d'août 1891. Peu de temps après, le conseil municipal fut dissous, et une délégation municipale composée de MM. Lacoste, président ; Lantheaume et Laurier, assesseurs, fut chargée de gérer les affaires communales jusqu'à la nomination du nouveau conseil.

Pendant la gestion de cette délégation, MM. Lacoste et Ridoux, ce dernier directeur des postes du département, vinrent me trouver à mon cabinet. M. Ridoux me remit le dossier qui avait été dressé sur les indications de Marfrey, inspecteur, ayant fait fonction de directeur jusqu'à son arrivée, et me communiqua de nouvelles instructions qui modifiaient totalement le dossier remis le 27 janvier 1891, et complété par les plans des caves et des mansardes demandés par l'Administration des postes, le 17 mars suivant. Ce premier dossier avait été cependant péniblement élaboré, car les observations et les changements n'avaient pas manqué durant l'étude. Ces messieurs me prièrent d'en dresser un nouveau, le plus rapidement possible, et M. Lacoste insista afin qu'il fût fait tout travail cessant, car il tenait beaucoup à ce que, si l'adjudication ne pouvait pas être faite sous la délégation, les affiches, du moins, pussent être apposées avant les élections. Je me mis résolument à l'œuvre, et après quelques jours consécutifs et deux nuits passés à ce travail, je pus remettre le dossier complet assez à temps pour que, toutes formalités remplies, l'adjudication fût annoncée avant l'époque fixée.

Si la classe ouvrière fut heureuse, à la lecture des affiches qui annonçaient du travail pour la campagne prochaine, il n'en fut pas de même de certains futurs conseillers municipaux, qui manifestèrent ouvertement leur mécontentement. Pourquoi tant se presser? On avait bien le temps, puisque les travaux ne pouvaient commencer qu'aux beaux jours. Pour le moment, ils s'en tenaient là, mais il était facile de prévoir qu'une fois élus, ils protesteraient bien autrement. Ce qui arriva.

Ce n'est un secret pour personne que souvent, dans les questions municipales, les conseillers s'occupent bien moins de l'intérêt général que de l'intérêt de leur quartier, sans parler d'un autre. A Brive, on est loin de faire exception à la règle. Or, si le terrain de la rue de l'Hôtel-de-Ville, où a été construit l'hôtel des Postes, était fortement désiré par les conseillers du quartier, il en était d'autres qui l'auraient bien voulu ailleurs. Alors que tout était décidé, on parlait d'un terrain rue Toulzac, et même d'immeubles réparés ou aménagés pour la circonstance. Cela se disait doucement ou à haute voix et même en plein conseil, suivant tel ou tel projet. On sentait qu'un effort était tenté pour reculer l'époque de la construction d'abord, la faire échouer ensuite, quitte plus tard à faire le nécessaire pour amener une solution conforme aux désirs des intéressés. Ne pouvant y réussir, on chercha des entraves. Ce fut alors l'architecte qui fut visé. Sur la proposition d'un très petit nombre de conseillers (dans toutes les questions les mêmes noms ont reparu), le conseil municipal exigea que l'architecte se portât personnellement responsable de toutes les dépenses qui dépasseraient le montant du devis. Cette décision me fut communiquée quelques jours seulement avant l'adjudication. A la date du 12 novembre 1891, j'écrivis à M. le maire la lettre suivante :

Monsieur le Maire,

Conformément à la demande qui m'a été faite par MM. les membres de la commission des travaux publics, j'accepte la responsabilité des plus-values qui pourraient résulter des travaux à exécuter pour la construction de l'hôtel des Postes et des Télégraphes. Mais ma responsabilité ne saurait aller plus loin. Les frais d'assurance contre l'incendie jusqu'à la livraison de l'immeuble, ceux qui pourraient occasionner un procès avec l'entrepreneur, je ne puis les prendre à ma charge, pas plus que les cas de force majeure. En d'autres termes, je réponds des plus-values : aucun autre changement n'est apporté aux anciennes habitudes.

Pendant la réunion où cette question de responsabilité a été agitée, un membre de la commission fit remarquer que, les dessins faits à l'échelle de 0,01 étant trop réduits, il était difficile de bien s'en rendre compte. De là une gêne pour tous, et particulièrement pour les soumissionnaires. J'ai répondu que les dessins avaient d'abord été dressés à l'échelle de 0,02, mais que l'Administration des Postes me les avait retournés, en me priant de les rapporter à l'échelle de 0,01, aucune autre échelle n'étant acceptée par elle. Or, comme, surtout en cette circonstance sans précédent, je partage la manière de voir de ce membre de la commission, voici ce que je viens vous proposer.

Je dresserai sur les plans approuvés la coupe et les trois façades à l'échelle de 0,02. Ces façades et coupe seront cotées et porteront les dimensions des bois, pierres, etc., avec indication teintée des pierres de Grammont et de brasier. Avec de tels dessins, qui n'ont jamais été fournis en pareille circonstance, les soumissionnaires se rendront un compte absolument exact des travaux à exécuter, et les délégués du conseil municipal sauront aussi ce qu'ils sont en droit de réclamer comme nature des matériaux, dimensions et exécution. Si cette proposition, de nature à bien éclairer la situation, est acceptée, je vous demanderai de reculer l'adjudication jusqu'au 1er dimanche de janvier. Ce délai est nécessaire pour remettre plans et façades, et donner aux entrepreneurs un temps convenable pour les étudier. En ce cas, on n'aura qu'à informer de ce retard les entrepreneurs qui ont déjà fourni les certificats, le délai pour les autres étant expiré.

Ce retard n'est et ne peut être préjudiciable à personne. L'adjudication étant faite au commencement de janvier, il s'écoulera deux grands mois avant l'ouverture des travaux. L'adjudicataire aura donc largement le temps de faire ses commandes et de préparer les matériaux de toutes sortes.

J'ai dit qu'entre autres responsabilités, je ne pouvais pas accepter celle d'un procès avec l'entrepreneur. En effet, il est des entrepreneurs tellement habitués aux procès, qu'ils ne font jamais une entreprise sans plaider. Or, quand on a le malheur d'avoir pour adjudicataire un entrepreneur de ce genre, les travaux en souffrent forcément, et la situation devient intolérable. C'est ce que je voudrais éviter. Cette adjudication, qui a été annoncée avant que le contrat fût intervenu entre la ville et son architecte, peut sans inconvénient être modifiée, et il me paraît que, puisque la ville veut faire exécuter l'hôtel des Postes pour 40,228 fr. 50 sans augmentation d'aucune sorte, et qu'elle doit justifier de cette dépense, que son architecte ne doit pas dépasser, ce que j'accepte, il me paraît, dis-je, qu'elle devrait autoriser l'architecte à traiter avec un entrepreneur de son choix. Ce serait justice. Mais l'architecte ne va pas si loin. Puisque tout est changé dans la marche des choses, l'architecte propose, afin de favoriser l'industrie locale, de ne convoquer que les entrepreneurs et ouvriers de la ville, et de faire une adjudication restreinte. Les entrepreneurs de Brive seraient seuls appelés à soumissionner. Après étude approfondie des dessins et de toutes les pièces du dossier, ils soumissionneraient à forfait; et comme la ville doit justifier d'une dépense de 40,228 fr. 50, la différence entre le forfait et ce chiffre, diminuée du montant des honoraires, serait consacrée à des améliorations. La première adjudication, s'il restait une marge, nous conduirait au même résultat.

Je crois que cette adjudication à forfait serait la meilleure solution du problème à tous les points de vue. Aussi, j'ose espérer, Monsieur le Maire, qu'après vous en être rendu compte, la municipalité et le conseil municipal partageront mon avis.

Veuillez agréer, etc.

H. CLAPIER.

L'architecte portait cette lettre à la mairie, lorsqu'il eut l'occasion de s'arrêter chez M. Lacoste, premier adjoint, qu'il trouva avec M. Laurier en train de repasser un rapport que celui-ci devait lire le soir même au conseil municipal. M. Lacoste, ayant lu cette lettre, me dit : « Alors, vous n'acceptez pas? — J'accepte, répondis-je, à la condition que l'adjudication sera faite à forfait. Vous m'imposez une condition qui n'a jamais été imposée à un architecte; mais je veux vous prouver, et prouver à tous, que le devis est bien fait, et que je suis sûr que la dépense ne sera pas dépassée. » Cette acceptation les étonna, comme elle étonna le conseil et M. le maire lui-même, qui m'a déclaré depuis, qu'à ma place il aurait refusé.

Il est donc certain que cette décision avait été prise :

1° Pour faire échouer le projet;

2° Pour faire retomber sur l'architecte toute la responsabilité de cet échec, s'il avait refusé.

On aurait trouvé de la sorte une mauvaise raison pour se débarrasser de lui; mais, si mauvaise qu'elle fût, on en aurait trouvé une. En cette circonstance, pas plus que dans la suite, on n'a jamais pu en découvrir.

M. Lacoste ajouta : « Mais alors l'adjudication ne pourra pas avoir lieu au jour fixé. Cela fera mauvais effet. — A qui la faute ? Je vais, lui dis-je, porter la lettre à M. le maire. — N'allez pas le déranger, il est bien assez occupé. » Prévoyant qu'on dirait, comme d'habitude, des choses désagréables sur mon compte, si aucune explication n'était fournie, j'allai chez M. Breuil, conseiller municipal, auquel j'expliquai la situation et donnai connaissance de la lettre. M. Breuil m'écouta très attentivement, et quand je le priai de vouloir bien exposer mes raisons au conseil : « Je le ferai, me dit-il, d'autant plus volontiers que votre exposé paraît très juste, très clair et très sensé. Mais, comme je pourrais commettre des oublis, veuillez me fournir quelques notes. » Il se mit alors à son bureau, et je lui fis de nouveau l'exposé de la situation, qu'il rédigeait à mesure que je parlais.

Le soir, au conseil, voyant que tout ce qui se disait était absolument contraire à mes déclarations, M. Breuil demanda la parole. On la lui refusa, donnant pour raison que la discussion était close. Avait-on quelque doute sur ce qu'il allait dire? Peut-être. On redoutait donc la vérité? On l'a toujours pensé. Et on laissait avec intention certains membres du conseil mal informés tenir sur le compte de l'architecte des propos qu'on savait être injustes et sans fondement.

Le lendemain de la séance, l'architecte se présenta dans le bureau de M. le maire, où se trouvaient MM. Rivière, 2° adjoint, et Simbille, conseiller municipal. Mettant sous les yeux de M. le maire la lettre que M. Lacoste avait lue la veille : « Voilà, lui dis-je, la lettre que je vous adressais hier au soir, dont MM. Lacoste et Laurier ont pris connaissance, et que, ne pouvant pas vous la remettre moi-même, M. Lacoste a refusé de vous apporter. J'en ai donné également lecture à M. Breuil et lui ai fourni des explications qu'il a voulu hier au soir donner au conseil; mais vous avez refusé de le laisser parler. » M. Simbille, qui en avait entendu la lecture, me dit : « Si j'avais connu cette lettre, je n'aurais pas tenu le même langage : on a eu tort de ne pas en donner connaissance au conseil. »

Cette lettre aurait été approuvée, car le conseil, dans une séance ultérieure, en accepta les termes, et l'adjudication fut faite à forfait, comme je l'avais proposé. Mais on n'aurait pas fourni l'occasion à certains membres de dire à mon endroit des choses malveillantes, de nature à m'amoindrir aux yeux de leurs collègues et du public. C'était là surtout le point essentiel.

Un autre conseiller municipal que je rencontrai à l'angle de la place Saint-Martin et de la rue Majour, en sortant de la mairie, me dit, après avoir pris connaissance de cette lettre : « Tout cela est regrettable, et, parce qu'on n'est pas renseigné, on dit des choses qui vous sont nuisibles dans le public. »

Les travaux furent adjugés à forfait, le 3 janvier 1892, sur la mise à prix de 38,360 fr. 84. Le sieur Brousse, adjudicataire, consentit à les exécuter moyennant la somme de 35,348 fr. C'était donc une marge de 3,012 fr. 34 disponible pour faire face à toute éventualité.

Le dossier, approuvé par M. le ministre, portait que les travaux seraient adjugés sur série des prix. La municipalité et le conseil municipal, contrairement à cette décision, demandèrent une adjudication à forfait, l'adjonction d'un cahier de clauses et conditions particulières, et le remaniement de la façade côté du boulevard, de façon à ce qu'elle fût plus en harmonie avec celle de la rue de l'Hôtel-de-Ville. Sur ces changements l'Administration supérieure ne fût pas consultée. Cela se conçoit, car on agissait toujours pour faire échouer le projet, espérant lasser l'architecte par ce nouveau surcroît de travail et de dépenses.

Il vient d'être dit que, l'adjudication faite, moyennant la somme de 35,348 francs, il restait à l'architecte, pour faire face à toute éventualité, une somme de 3,012 francs. Comme conséquence du forfait, cette somme aurait dû lui appartenir. En pareil cas, pour les entrepreneurs, on ne procède pas autrement. Mais ici on avait décidé le contraire. Tout au moins il aurait dû avoir la libre disposition de cette somme, et la faculté de l'employer, à la fin des travaux, alors qu'il aurait été sûr qu'il ne pouvait exister ni imprévu, ni contestation. Mais à peine les travaux furent-ils commencés, qu'il était invité par le délégué de l'Administration des postes, à faire substituer au brasier la pierre de Grammont pour certaines parties de l'édifice. (Ordres de service du 11 mars et du 10 mai 1892.) Certains travaux de fumisterie et de menuiserie furent même commandés par le délégué de l'Administration des postes sans que l'architecte eût été consulté. Celui-ci fut tenu, de par la volonté de M. le maire, et malgré ses protestations, de les détailler dans un ordre de service en date du 1ᵉʳ septembre 1892. A la fin des travaux, lorsque les notes provenant des augmentations provoquées par ces améliorations et embellissements furent additionnées, l'architecte dut abandonner forcément, pour compléter la somme, plus de 50 francs sur ses honoraires.

Les travaux terminés à la satisfaction de tous (il n'y a pas à Brive un édifice mieux conçu et qui accuse mieux sa destination), un délégué de M. le Directeur général des postes vint procéder à la réception provisoire. Il fut assisté par MM. Lacoste et Rivière, adjoints, M. Ridoux, Directeur des postes de la Corrèze, et par l'architecte. L'entrepreneur était présent. Cette réception provisoire eut lieu le 9 décembre 1892 ; et, sous la réserve de quelques réparations insignifiantes, la construction fut reçue, et l'administration des postes en prit possession immédiatement.

L'entrepreneur répara les malfaçons signalées, et la réception définitive eut lieu le 11 septembre 1893.

Cette réception définitive fut faite par M. le maire et M. le Directeur des postes.

Lorsque l'entrepreneur, qui venait d'en être avisé par une lettre de M. le maire, me fit cette communication, je fus bien étonné, surtout lorsqu'il m'informa que M. le maire l'avait invité à venir me demander un certificat pour le payement du 10ᵉ de retenue. N'ayant pas été appelé à vérifier une dernière fois les travaux, je refusai de lui donner satisfaction, car je n'étais pas sûr que tout fût en état d'être reçu. M. le maire, à la date du 20 septembre 1893, m'écrivit la lettre suivante :

Monsieur,

J'ai l'honneur de vous informer que l'hôtel des Postes et des Télégraphes de Brive a été définitivement reçu le 11 du présent mois.

6

L'entrepreneur désirant, dès lors, toucher ce qui peut lui être dû par la commune, réclame un certificat de payement à délivrer par vous.

Je vous prie de vouloir bien, le plus tôt qu'il vous sera possible, faire droit à sa demande. Recevez, etc.

Signé : CHOUZENOUX.

Cette lettre, qui porte la date du 20, me fut remise le 21 au soir.

Je répondis à M. le maire par la lettre suivante :

Brive, le 23 septembre 1893.

Monsieur le Maire,

J'ai l'honneur de vous accuser réception de votre lettre datée du 20 courant, remise le 21, par laquelle vous m'informez que la réception définitive de l'hôtel des Postes et des Télégraphes a été faite le 11 du présent mois, et me priez de faire à l'entrepreneur un certificat de payement de la somme qui peut lui être due par la commune.

Je me permettrai de vous faire observer, Monsieur le Maire, que la réception définitive d'un travail étant la preuve matérielle et manifeste de l'exécution complète et parfaite des clauses, charges et conditions imposées à l'adjudicataire, tant par le cahier des charges générales, que par le cahier des clauses et conditions particulières et par le procès-verbal d'adjudication, la présence de l'architecte directeur des travaux était absolument indispensable pour procéder régulièrement à cette réception définitive. Vous avez jugé cette présence inutile, et vous avez procédé à cette réception définitive après la visite de M. Telliet (agent voyer cantonal), que vous aviez chargé de tout vérifier. Il a dû trouver tout parfait, et je désire qu'il en soit ainsi. Aussi, sans qualifier cette nouvelle façon d'agir à mon endroit, au sujet de laquelle je fais cependant toutes mes réserves, je vous annonce que je décline toute responsabilité relative aux malfaçons de toute nature qui pourraient exister aujourd'hui et plus tard dans ledit hôtel, la laissant entièrement sur votre compte.

Vous me priez de faire à l'entrepreneur un certificat de payement du montant de la somme qui lui reste due par la commune. Je ne le puis pas. Parce que cet entrepreneur est en procès avec un sous-traitant, vous refusez injustement de me payer mes honoraires, et vous trouvez tout naturel de le payer, lui. Vous voulez conserver une garantie vis-à-vis de moi, et moi je ne pourrais pas en avoir vis-à-vis de lui? C'est cependant bien logique !

Tant que les choses resteront en l'état, je ne ferai pas de certificat de payement à l'entrepreneur. Je le regrette vivement pour lui et pour ses sous-traitants, et s'il survient des complications à ce sujet, ce n'est pas moi qui les aurai provoquées.

Veuillez agréer, etc.

H. CLAPIER.

Il est d'usage que les honoraires de l'architecte lui soient payés au fur et à mesure de l'avancement des travaux.

Le 2 juin 1892, l'entrepreneur ayant perçu une somme de 14,000 fr., je dressai pour mon compte un certificat de payement de la somme de 700 fr. M. le maire refusa de l'ordonnancer.

Le 28 juin suivant, l'entrepreneur ayant perçu en tout 18,000 fr., je présentai à M. le maire un nouveau certificat de payement de 900 fr. : même refus.

Cette conduite à mon égard de M. le maire, qui n'avait rien à me reprocher, est inqualifiable. N'ayant aucun motif pour me révoquer, il voulait, à force de taquineries, d'injustices, me forcer à me retirer. Mais j'ai toujours fait mon service avec ponctualité, avec dévouement, espérant qu'il finirait par réfléchir et connaître son erreur. Espérance inutile : il a toujours agi avec la même passion, le même parti pris.

Après la réception provisoire, je présentai un nouveau certificat de payement de 1,918 fr. Sa réponse fut la même. Pressé par le besoin, je menaçai alors de porter l'affaire devant le conseil de préfecture. Cette menace produisit son effet, car M. le maire me pria de l'accompagner chez M. Lacoste. Ils se décidèrent bien vite à me payer 1,200 fr. J'acquis ce jour-là la certitude que M. le maire n'agissait pas seul, et que, pour ses actes, il s'inspirait de son premier adjoint; ce que celui-ci ne m'avait pas laissé supposer.

C'est à cause d'un procès intenté par un sous-traitant à l'entrepreneur, à la fin des travaux, qu'on a refusé de me solder le reliquat de mes honoraires. C'est un faux semblant de raison, qui n'existait pas pendant la construction, et cependant on m'avait opposé le même refus. Le sous-traitant pour la serrurerie prétend avoir sous-traité à l'entrepreneur d'après les conditions du devis, pièce qui restait sans effet d'après les clauses et conditions particulières, l'adjudication ayant eu lieu à forfait. Celui-ci, ayant pris le travail à forfait, affirme l'avoir donné de même. C'est là une querelle qui ne regarde pas la ville, encore moins l'architecte, mais seulement l'entrepreneur et son sous-traitant. Et si la ville était mise en cause, c'est parce qu'elle a demandé et exigé, après approbation du dossier par M. le ministre, un travail et une dépense supplémentaires qui lui ont profité.

D'ailleurs, quel que soit le résultat du procès pendant devant le tribunal de commerce, l'architecte ne peut pas être recherché, et, le serait-il, il répondra que si on ne l'avait pas contraint de dépenser prématurément la somme disponible résultant du rabais de l'adjudication, avec cette somme il ferait très largement face aux prétentions du sous-traitant, si elles étaient justifiées, ce qui est fort douteux. En tout cas, je le répète, cela ne regarde, à mon sens, que l'entrepreneur et son sous-traitant. J'ai soumis le cas au Comité de jurisprudence de la construction moderne, et voici la réponse, qui a été insérée dans le numéro du journal du 9 juillet 1893 :

« La tendance qui se manifeste chaque jour davantage dans les administrations publiques, et qui vise à faire de l'architecte un entrepreneur général à forfait des constructions projetées, est déplorable à tous les points de vue, aussi bien au point de vue de l'intérêt public, en ce qui touche les administrations publiques, qu'au point de vue professionnel, en ce qui concerne les architectes. L'architecte qui se charge de la construction à forfait d'un bâtiment, ou qui garantit une limite exacte de dépense, court évidemment un risque. Si le chiffre alloué pour les travaux est dépassé, il est responsable. Que lui donne-t-on pour ce risque, qui peut être énorme dans certains travaux, où l'imprévu, quelle que soit l'habileté du constructeur, entre pour une part plus ou moins large, et où les augmentations ou changements exigés par l'administration sont considérables dans la plupart des cas? Rien.

« Ainsi, bénévolément, gratuitement, sans entrer dans les bénéfices de l'opération commerciale, l'architecte doit subir les pertes, s'il s'en produit; l'architecte, déjà chichement honoré pour son travail personnel, déjà lourdement chargé par le législateur, qui en a fait un responsable spécial, toujours accablé par les tribunaux lorsqu'il y a faute, mais aussi toujours modestement rétribué par ces mêmes tribunaux lorsqu'il s'agit d'honoraires, l'architecte doit être l'assureur de l'administration, l'assureur gratuit, sans prime fixe ou variable : c'est lui qui doit subir les aléas d'une opération qui n'est pas la sienne et qu'il ne réalise pas, commercialement parlant.

« Si l'entrepreneur général chute en route, s'il y a achèvement onéreux sur nouvelle adjudication du fait de cette chute, c'est l'architecte qui n'aura commis aucune faute qui sera responsable ! N'est-ce pas simplement honteux, et n'est-il pas regrettable de voir les pouvoirs publics donner l'exemple de sentiments aussi profondément injustes ? C'est d'ailleurs un signe des temps.

« Nous disions précédemment que la garantie du forfait imposé à l'architecte est déplorable à tous les points de vue ; la preuve est facile.

« Nous admettons qu'au début quelques naïfs se laisseront prendre à cette forme d'opération ; mais croit-on que les architectes qui réfléchissent davantage et qui placent leur dignité au-dessus d'une affaire, quelque belle qu'elle soit, s'y engagent ? Non, et alors les administrations trouveront devant elles, non plus des architectes dans le sens propre du mot, mais bien des spéculateurs qui se lancent dans l'opération mercantile de concert avec l'entrepreneur ; et comme cette opération sera la leur, de belles, bonnes et édifiantes choses se passeront : l'architecte ne sera plus le mandataire de l'administration, agissant pour elle et dans son intérêt, il sera l'associé de l'entrepreneur, agissant dans le but d'augmenter les bénéfices de l'entreprise, c'est-à-dire les bénéfices de l'association, et cet architecte-là ne sera pas blâmable, car il sera dans le rôle que l'administration elle-même lui aura créé, lui aura imposé ; et nous défions qu'on nous réfute.

« Dans l'espèce qui nous est soumise, l'architecte est couvert par l'entrepreneur, qui a traité à forfait ; mais, si les suppléments ont été commandés par le délégué de l'administration, l'architecte n'a rien à voir dans ces travaux, puisqu'il n'y a pas concouru en quelque sorte. »

Cette réponse, qui traite la question au point de vue général, et à la fin mon cas en particulier, ne laisse subsister aucun doute.

Le jour de la réception provisoire, le délégué de M. le directeur général demanda à la municipalité un décompte général des travaux. Cette pièce m'ayant été réclamée, j'ai répondu que pour les travaux à forfait on n'était pas tenu de fournir un décompte général. J'avais déjà remis le décompte des travaux supplémentaires. Une discussion s'éleva alors, et M. le maire s'engagea, au nom de la ville, à remettre ce décompte avant la réception définitive de l'immeuble. Ce travail me fut confié, et je pris l'engagement de l'avoir terminé dans le délai de trois mois. Je l'ai déposé à la mairie le 8 février 1893.

Durant la marche des travaux, je n'avais pas pris soin, comme pour les travaux sur série des prix, de prendre soigneusement des attachements que je jugeais inutiles, les travaux à forfait n'en demandant pas. La confection du décompte me nécessita beaucoup de recherches, beaucoup de peines et un travail supplémentaire du marché imposé par la ville. Ce travail supplémentaire doit m'être payé. En conséquence je réclame 1,66 0/0 sur le montant du décompte. M. O. Masselin, auteur de plusieurs ouvrages très estimés sur les diverses questions concernant le bâtiment, a bien voulu m'adresser la lettre suivante, en réponse aux renseignements que je lui avais demandés :

Paris, le 29 mai 1893.

Monsieur Clapier,

Pour les travaux communaux traités à forfait, il n'y a de décompte définitif à faire à fin de travaux que pour les travaux *en plus ou en moins* du forfait. Dans le décompte on porte en un seul article *et en bloc* le marché à forfait, et on fait suivre cet article du détail des plus ou moins faits.

Agréez, etc.

Signé : O. MASSELIN.

Comme j'ai traité avec la ville et non avec l'État, je m'en tiens à mon marché. Il serait assez extraordinaire que je fusse obligé de répondre aux exigences de l'un et de l'autre. Tant pis pour la ville si elle a refusé de s'en tenir aux clauses approuvées par M. le ministre. Puisqu'elle a voulu modifier, elle doit supporter les frais occasionnés par les modifications.

Dans la requête que j'ai eu l'honneur d'adresser à MM. les membres du conseil de préfecture, j'ai oublié de réclamer des honoraires pour la rédaction du premier dossier. Ce dossier, étant complètement distinct du second comme plans et devis, constitue un premier travail qui doit être payé séparément. J'en tiendrai compte à la fin du mémoire. C'est là un oubli qu'on me permettra bien de réparer.

CONSTRUCTION D'UN KIOSQUE POUR LA MUSIQUE

A la séance du 3 février 1888, et sur la proposition du docteur Lachaud, le conseil, après discussion, vota une somme de 4,000 fr., « qui sera mise à la disposition de l'architecte de la ville pour établir un projet de kiosque à soumettre au conseil ». Ce vote avait lieu sous la présidence de M. Thalamy, premier adjoint, présidant la séance en l'absence de M. Roche, maire.

M. Roche, de retour quelques jours après, me dit de ne pas m'en occuper.

La question en était restée là, lorsque à la séance du 22 juillet 1888, elle fut reprise par M. Montbazel. A cette séance, le conseil décida « qu'il maintenait le vote de 4,000 fr. précédemment émis pour cette construction, et invita l'administration à lui soumettre, dès sa première réunion de la session du mois d'août, les plans et devis de cette construction. » Et le jour même les adjoints, MM. Thalamy et Séguy, m'adressaient la note suivante :

M. Clapier est prié de s'occuper *immédiatement* du kiosque et pour le prix de 4,000 fr. Le conseil, dans sa séance de ce jour, a insisté sur ce point et d'une façon toute particulière, et était prêt à blâmer de ce long retard l'administration municipale.

Brive, le 22 juillet 1888.

Les Adjoints :

Signés : H. SÉGUY, THALAMY.

Je me mis immédiatement à l'œuvre, et le 9 août 1888, le dossier complet, comprenant plan, coupe, façade, bordereau des prix, devis estimatif et cahier des charges, le tout en double expédition, était prêt à être soumis à l'approbation du conseil municipal.

Ce dossier fut porté à la mairie; mais M. le maire, qui était opposé pour le moment à la construction du kiosque, ne voulut pas donner suite à la délibération du conseil. Je repris mon dossier.

M. Renaudie, à la séance du 27 mai 1889, interpella l'administration à ce sujet. M. Roche, maire, qui présidait ce jour-là, répondit à M. Renaudie : « D'après l'exposé que je viens d'avoir l'honneur de vous faire, il résulte que les fonds pouvant rester disponibles trouveront plus utilement leur emploi qu'à la construction d'un kiosque, que l'on ne peut édifier avec la somme votée par le conseil. Liquidons le présent d'abord, nous penserons ensuite à la construction d'un kiosque. »

Depuis cette époque ce projet, dont la dépense s'élevait à 4,104 fr. 23, est resté dans les cartons.

L'administration municipale actuelle reprit le projet du précédent conseil, et l'assemblée communale, après le vote de 2,000 fr., décida de mettre ce kiosque au concours, et de confier la direction des travaux à l'auteur du projet classé n° 1, qui le ferait exécuter gratuitement. Un conseiller dont j'ignore le nom fit observer que, puisque la ville avait un architecte, la municipalité devait d'abord s'adresser à lui et lui demander un projet conforme aux décisions du conseil, que d'ailleurs, la somme à dépenser ne devant pas atteindre 10,000 fr., elle ne s'engageait nullement, l'architecte ne pouvant réclamer d'honoraires que pour les travaux dépassant cette somme ; et que si le projet ne plaisait pas, on serait toujours à temps de le mettre au concours. Ce langage sensé, correct, équitable, n'était pas de nature à séduire l'administration municipale. Le concours fut ouvert. Le résultat fut négatif. Deux ou trois projets, peut-être quatre, furent déposés à la mairie. Mais, les devis atteignant environ 4,000 fr., on fut obligé de reconnaître qu'on ne s'était pas suffisamment rendu compte de la dépense. On fixa ce dernier chiffre, et on ouvrit un nouveau concours. Trois ou quatre concurrents, probablement les mêmes, répondirent à ce nouvel appel. La commission désignée par le conseil se réunit et classa premier le projet de M. Debienne. Avant, pendant et même après ce concours, j'ai répété à la municipalité que j'avais dans mes cartons un projet tout prêt pour la construction d'un kiosque demandé par l'ancien conseil municipal ; que ce projet, qui répondait à leurs vues, devrait être soumis à l'assemblée communale et que, s'il y avait lieu, j'apporterais les modifications demandées. « Je tiens surtout, leur ai-je toujours dit, à le faire exécuter, parce qu'il entre dans mes attributions ; et, bien qu'il ne soit pour moi d'aucun rapport, le confier à un autre, ce serait vouloir intentionnellement nuire à mon renom professionnel, me discréditer auprès du conseil et du public, en laissant supposer les choses les plus malveillantes sur mon compte. » La municipalité ne tint aucun compte de mes justes réclamations, et un jour même un membre de la municipalité alla jusqu'à me dire que j'étais bien libre de concourir. Je n'insistai plus. J'étais fixé.

Dans quelles conditions eut lieu ce concours? La municipalité avait-elle demandé et obtenu l'autorisation préfectorale? On peut hardiment répondre non : car si M. le préfet avait été appelé à donner son autorisation, il n'eût pas manqué de prescrire les conditions ordinaires qui régissent les concours. Peu importe l'importance du projet : comme le résultat moral est toujours considérable, et surtout en cette circonstance, il est indispensable que toutes garanties soient sérieusement établies. Mais ceci ne préoccupait guère. Le seul but était de m'amoindrir d'abord, et ensuite au profit de tel ou tel. Je n'ai pas à faire connaître ici la marche à suivre pour sauvegarder les intérêts des concurrents. A ceux qui font les concours de s'instruire. Ce n'est pas mon affaire. Je ne sais pas de quels membres du conseil fut composée la Commission chargée de juger les projets ; mais, sans crainte d'être démenti, connaissant la composition de l'assemblée communale, j'affirme qu'il n'y avait pas un seul membre capable de bien juger les projets au point de vue scientifique et artistique en même temps.

Mais ce n'est pas tout. Pour donner une haute idée de la façon dont les choses se font à l'hôtel de ville depuis l'avènement de la municipalité actuelle, il est certaines choses que je ne veux pas passer sous silence. Je me bornerai simplement à dire que les fouilles étaient terminées, et le béton en partie coulé, lorsqu'on s'aperçut que le périmètre manquait de développement, les musiciens du 14° ne pouvant pas y contenir. On refit les fouilles et on élargit. Ceci était de faible importance. Erreur commise, erreur réparée. Mais ce qui est plus intéressant, c'est ce qui m'a été raconté par une personne bien en situation pour être parfaitement renseignée.

Il est d'usage et de rigueur que lorsqu'un conseil municipal a voté les fonds pour une construction quelconque, que le dossier soit adressé à la préfecture, qui le soumet à la critique de la commission des bâtiments publics. Un membre de cette commission fait un rapport qui conclut à l'approbation ou au rejet du projet, ou donne son approbation sous certaines conditions. La préfecture alors autorise ou refuse. La municipalité ne jugea pas à propos de remplir ces formalités, et, immédiatement après le jugement, donna ordre à M. Debienne de commencer. Je suppose que M. le sous-préfet dut faire ses observations en conséquence, et la situation fût régularisée.

De la façon irrégulière dont s'est fait ce concours, je conclus :

1° Que la municipalité m'a enlevé, sans raison, un projet qui m'appartenait comme architecte de la ville ;

2° Qu'elle a intentionnellement cherché et malheureusement réussi à porter atteinte à mon renom professionnel en refusant de soumettre au conseil le projet que j'avais prêt, et qui était bien supérieur, de l'aveu même de l'auteur, à celui qui a été construit ;

3° Qu'en établissant ce concours, elle a cherché à me discréditer auprès du conseil, des communes et du public, en provoquant à mon égard les hypothèses les plus malveillantes ;

4° Qu'elle a compromis ma situation pour le présent et pour l'avenir.

PRESBYTÈRE

Le 25 juin 1892, j'ai remis à M. le maire les rapports qu'il m'avait demandés sur tous les bâtiments communaux. Comme d'habitude, j'avais visité tous ces bâtiments l'un après l'autre, et, sur chacun d'eux, j'avais fait un rapport détaillé. Cela se faisait tous les ans. L'a-t-on fait depuis?

Il était un de ces bâtiments sur lequel j'avais tout particulièrement attiré l'attention de la municipalité ; je veux parler du presbytère. Le délabrement était tel que non seulement il était devenu inhabitable, mais encore il menaçait la sécurité des habitants. On crut à une exagération. M. le maire résolut de s'en rendre compte *de visu,* et me pria de l'accompagner; ce qui eut lieu. Après examen et renseignements fournis sur place, M. le maire déclara que j'étais dans le vrai, peut-être même en dessous de la vérité ; qu'une réparation serait fort coûteuse, et qu'il y aurait avantage à vendre cet immeuble et en acquérir un autre. Pendant quelque temps, seul, ou avec lui, ou avec les adjoints, je visitai des immeubles. Le conseil municipal n'ayant pas voulu accepter cette combinaison, on décida de réparer le presbytère actuel. Ces négociations ayant duré quelque temps, une commission composée de MM. Galatrie et Guillot, conseillers municipaux, fut désignée pour le visiter de concert avec l'architecte. J'ignore la teneur du rapport qui fut fait par ces messieurs, si même il y en a eu un ; mais ce que je puis affirmer, c'est que ces messieurs, après examen sérieusement fait de l'immeuble, partagèrent absolument ma manière de voir.

Les choses restèrent en l'état pendant quelque temps. J'attendais des instructions pour rédiger le dossier, lorsque arriva la fin de 1892, époque où, de par la volonté de la municipalité et du conseil municipal, je cessai de toucher un traitement de la ville. Ayant fait remarquer que, ma situation ayant changé, je ne pouvais pas rédiger ce dossier aux conditions antérieures, M. Lacoste me répondit : « C'est vrai, votre traitement est supprimé, mais vous compterez 5 0/0 au lieu de 3 0/0. » J'étais donc autorisé à croire que je restais architecte de la ville, sans traitement fixe, comme mon prédécesseur, mais que, comme lui, je percevrais 5 0/0 sur les constructions à venir. Peu après, M. le curé de Saint-Martin me fit une visite, et entre autres choses me dit : « J'ai demandé à la municipalité et obtenu d'elle qu'au 3e étage il soit ménagé une salle de récréation, et au-dessus du salon une ou deux pièces à donner. » N'ayant pas voulu rédiger le projet avec ces modifications, sans l'assentiment de l'administration, j'en parlai à M. Lacoste, qui me répondit : « C'est entendu. — Mais, lui dis-je, le toit sera dans la forme du vôtre. — Qu'est-ce que cela peut faire? Rédigez votre projet dans ce sens-là. » Ce qui fut fait, et le 8 février 1893, je remis à M. le maire le dossier complet du presbytère, comprenant 4 feuilles de plans, bordereau des prix, devis estimatif, cahier des charges, en double expédition. La dépense s'élevait, honoraires compris, à 12,792 fr. 54. M. le maire examina rapidement le dossier, notamment le devis estimatif, et parut très satisfait à la lecture de la dépense générale, qui ne dépassait pas celle qu'on avait toujours prévue.

Le même jour je partis pour Paris. Pendant mon séjour, je reçus dans une lettre un petit extrait découpé dans le journal *la République :*

« *Restauration du presbytère Saint-Martin.* — Le devis des travaux à exécuter pour la réparation du presbytère Saint-Martin a été dressé par M. Clapier, architecte ; il s'élève à 12,790 fr. L'administration dit que l'architecte *a dépassé son*

13

mandat, c'est-à-dire a compris dans son devis des réparations non demandées par le conseil, et qu'il y a lieu de faire un nouveau devis. M. Teliet sera chargé de ce travail. »

Cet entrefilet fut pour moi incompréhensible. De retour à Brive, j'appris que la commission des travaux avait questionné l'administration au sujet des pièces ménagées dans le 3ᵉ étage, et que l'administration, n'osant pas avouer cette augmentation demandée par elle, avait préféré déclarer que l'architecte avait dépassé son mandat, et rejeter ainsi sur lui toute responsabilité. A ce propos, j'écrivis à M. le maire la lettre suivante, qui fut insérée dans les journaux *la République* et *le Conciliateur.*

Brive, le 24 mars 1893.

Monsieur le Maire,

J'étais absent de Brive lorsque vous avez soumis au conseil municipal le dossier que j'avais dressé pour la restauration et l'aménagement du presbytère Saint-Martin. Ce projet, qui, selon votre recommandation, avait été l'objet de tous mes soins, n'ayant pas reçu l'approbation du conseil, j'ai voulu savoir pour quelle raison il avait été rejeté. J'ai parcouru les journaux, et j'ai trouvé dans le *Conciliateur* du 22 février :

« *Presbytère Saint-Martin.* — De nouveaux devis sont commandés, ceux de M. Clapier étant reconnus non conformes aux intentions du conseil. »

Et dans la *République* du même jour :

« *Restauration du presbytère Saint-Martin.* — Le devis des travaux à exécuter pour la réparation du presbytère Saint-Martin a été dressé par M. Clapier, architecte ; il s'élève à 12,790 fr. L'administration dit que l'architecte a dépassé son mandat, c'est-à-dire a compris dans son devis des réparations non demandées par le conseil, et qu'il y a lieu de faire un nouveau devis. M. Teliet sera chargé de ce travail. » (M. Teliet est l'agent voyer cantonal.)

Permettez-moi de vous dire, Monsieur le Maire, que vous ne m'avez jamais fait connaître les intentions du conseil à ce sujet, et que je suis sûr de ne pas avoir dépassé le mandat que vous m'avez confié.

Lorsque nous avons examiné ensemble le presbytère, vous avez reconnu que, dans mon rapport au conseil municipal, je m'étais tenu en dessous de la vérité, alors que vous aviez pensé tout d'abord que j'avais exagéré en sens contraire. Prévoyant la dépense considérable nécessaire aux réparations de mise en état pour la sécurité d'abord, et les convenances ensuite, spontanément, vous avez déclaré qu'il y aurait avantage pour la commune à acquérir un nouvel immeuble. C'est alors qu'avec vous et M. Rivière, nous avons visité la maison de l'Agneau Blanc, que vous avez considérée comme étant de nature à remplir les conditions voulues.

Le conseil municipal s'étant prononcé contre cette acquisition, j'ai été chargé de dresser un projet de réparations et aménagement du presbytère actuel. Questionné sur la dépense, le chiffre de 12,000 fr. a toujours été fixé par moi comme un minimum, et ce chiffre entrait tellement dans vos vues que vous n'avez manifesté aucune surprise lorsque je vous ai remis le dossier. Du reste, cette manière de voir était celle de M. Lacoste, qui admettait, en tous points, toutes les réparations contenues dans mon devis. Mais il est à présumer que tous ne partageaient pas cet avis, et que la confection d'un dossier par M. Teliet leur était plus agréable. Cet avis a prévalu, contrairement à toutes les règles ; car, lors même que vous auriez voulu réduire la dépense, il était naturel, pour ne pas dire autre chose, de confier à l'architecte qui avait dressé les plans et devis le soin d'apporter dans le chiffre de la dépense les réductions demandées par le conseil municipal. Ce fait se produit souvent, et pour cela on n'élimine pas l'auteur du projet, surtout quand il s'est strictement conformé aux ordres donnés. Vous en avez jugé autrement ; pour le moment je me borne à le regretter.

Veuillez agréer, etc.

H. CLAPIER,
Architecte de la ville.

M. le maire, à la date du 28 mars, m'adressa la lettre suivante reproduite dans les mêmes journaux :

Monsieur,

La lettre que vous m'avez écrite à la date du 24 de ce mois contient un double reproche, à l'adresse de l'administration d'abord, et du conseil municipal ensuite. A l'administration, vous reprochez d'avoir dit que dans le devis que vous avez dressé des réparations à faire au presbytère Saint-Martin, vous avez outrepassé votre mandat, ce qui, d'après vous, serait contraire à la vérité. Mais qui donc, je vous prie, vous avait commandé une toiture entièrement neuve à mansardes, et d'augmenter ainsi sensiblement la dépense? Serait-ce M. Rivière ou moi? Mais quand nous avons été visiter ensemble les lieux, il fut formellement convenu que la toiture actuelle serait simplement réparée; et quand vous dites que lorsque vous avez remis le projet, je n'ai nullement été surpris du chiffre de la dépense, vos souvenirs vous servent mal, car c'est le lendemain seulement que j'en ai pris connaissance, et que je me suis aperçu que vous remplaciez toute la toiture. Quant à M. Lacoste, il paraît bien difficile qu'il ait approuvé en tous points, comme vous le dites, vos plans et devis, par la bonne raison qu'il n'a jamais vu ni l'un ni l'autre, et la seule observation qu'il ait pu vous faire a été de ne pas omettre de ménager dans les greniers une mansarde que demandait M. le curé et que nous avions convenu de lui donner, si elle pouvait être faite sans trop de frais.

Et maintenant vous ajoutez : « A supposer que mon devis fût sujet à réduction, ce n'était pas un motif pour le conseil de m'enlever ce travail et d'en charger un autre. » Vous oubliez que lorsque le conseil a pris cette décision, vous n'étiez plus, depuis le 1ᵉʳ janvier, architecte de la ville. Le conseil a chargé du travail l'agent communal qui vous avait remplacé dans vos fonctions : n'était-ce pas naturel? Ce sera, il est vrai, quelques honoraires de perdus pour vous, mais autant de gagné pour la commune, qui n'aura rien à payer à M. Teliet. Me reprocherez-vous de ne pas vous avoir avisé de la décision du conseil? Je me demande comment j'aurais pu le faire; vous venez de faire une absence de plus d'un mois, au cours de laquelle, ayant besoin de votre signature pour une pièce relative à l'hôtel des postes, j'ai envoyé plusieurs fois chez vous, sans qu'il ait été possible d'avoir même votre adresse.

Veuillez agréer, etc.

Signé : CHOUZENOUX.

A la date du 25 mars, remis le 28 par M. le commissaire de police, M. le maire me fit notifier l'arrêté suivant :

Le maire de la ville de Brive,

Considérant que dans une lettre en date du 24 mars rendue publique, M. Clapier continue à prendre la qualité d'architecte de la ville de Brive malgré la suppression de cet emploi et du traitement y afférent dans le budget de 1893;

Considérant que cette suppression n'a pu être ignorée de M. Clapier, et en fait ne l'a pas été; qu'en effet des mémoires d'entrepreneurs pour travaux exécutés avant le 1ᵉʳ janvier 1893 lui ayant été soumis par eux pour qu'il les revêtit de son approbation, il a déclaré ne pouvoir la donner sans un ordre du maire, n'étant plus l'architecte de la ville, et la vérification des mémoires regardant M. Teliet,

Arrête :

Art. premier. — L'emploi d'architecte de la ville de Brive étant supprimé depuis le 1ᵉʳ janvier dernier, il est fait défense à M. Clapier de porter ce titre.

Art. 2. — M. le commissaire de police est chargé de la notification du présent arrêté.

Brive, le vingt-six mars mil huit cent quatre-vingt-treize.

Signé : CHOUZENOUX.

En réponse à la lettre de M. le maire et de son arrêté, je lui écrivis la lettre suivante, à la date du 31 mars 1893 :

Monsieur le Maire,

Dans la lettre que vous m'avez fait l'honneur de m'adresser le 28 mars en réponse à la mienne, vous dites que ma lettre contient un double reproche à l'adresse de l'administration d'abord, et du conseil municipal ensuite.

Je vous ferai remarquer, Monsieur le Maire, que je me suis borné à reproduire les articles des journaux relatifs à la séance où le conseil municipal avait été appelé à se prononcer sur les plans et devis dressés par moi, pour la restauration et l'aménagement du presbytère Saint-Martin; et comme dans la *République* on lit : « L'administration dit que l'architecte a dépassé son mandat, etc., » je vous ai écrit une première fois comme je vous écris une deuxième fois, comme je vous écrirai une troisième fois si c'est nécessaire, car je veux qu'on sache bien que cette déclaration manque absolument de fondement, et que je me suis strictement conformé aux ordres qui m'ont été donnés.

Vous ajoutez : « Mais qui donc vous avait commandé de refaire une toiture entièrement neuve à mansardes, et d'augmenter ainsi sensiblement la dépense? Serait-ce M. Rivière ou moi? » Et plus loin : « Quant à M. Lacoste, il paraît bien difficile qu'il ait approuvé en tous points, comme vous le dites, vos plans et devis, par la bonne raison qu'il n'a jamais vu ni l'un ni l'autre, et la seule observation qu'il ait pu vous faire a été de ne pas omettre de ménager dans les greniers une mansarde que demandait M. le curé, et que nous avions convenu de lui donner, si elle était faite sans trop de frais. »

Quand un architecte, Monsieur le Maire, reçoit la mission d'aménager une pièce dans un local quelconque, son premier soin est de savoir à quel usage cette pièce sera destinée. Vous connaissez cette destination, et vous savez que les proportions doivent être grandes. Comme la toiture actuelle, en très mauvais état d'ailleurs, ne permet qu'un faible développement dans les parties voisines du faîtage, le problème ne peut être résolu qu'avec un toit mansardé. Et vous l'aviez si bien compris que vous me recommandiez de ne pas omettre de ménager dans les greniers la mansarde convenue. Ouvrez le dictionnaire au mot mansarde, vous trouverez : « Toit de bâtiment de l'invention de l'architecte Mansard, dont le comble est presque plat et les côtés presque à plomb. » Qu'ai-je fait? Vous me direz peut-être que j'aurais pu refaire ainsi la toiture sur les deux tiers du bâtiment, et laisser le reste à l'état actuel. Mais, à cause des raccords, la dépense eût été plus grande, et puis, quel aspect !

Vous me dites que depuis le 1er janvier je n'étais plus architecte de la ville : c'est une erreur. Le conseil avait supprimé les appointements, mais le titre me restait. Nommé par un arrêté municipal, il fallait un arrêté municipal pour m'enlever ce titre. Cet arrêté, vous l'avez pris arbitrairement, sans motif, à l'occasion de la lettre que je vous ai écrite pour me plaindre d'une injustice.

Vous ajoutez dans cet arrêté que je me suis refusé de régler les mémoires d'entrepreneurs sans un ordre du maire. Quoi de surprenant? A propos du presbytère, qui m'a été commandé depuis le 1er janvier, M. Lacoste me dit : « Vous compterez vos honoraires à 5 0/0; » et s'il vous avait plu de me faire régler les mémoires des entrepreneurs, je vous aurais réclamé 1,66 0/0, comme cela se pratique.

Vous terminez votre lettre en disant que vous avez envoyé plusieurs fois chez moi sans qu'il vous ait été possible d'avoir mon adresse. Cette raison ne peut pas être prise au sérieux. Pendant mon séjour à Paris, j'ai reçu plusieurs lettres de Brive et d'ailleurs, et si on a répondu qu'on ignorait où j'étais, c'est que j'avais écrit pour annoncer mon arrivée, qui eut lieu, du reste, quatre ou cinq jours après.

Un mot encore : un syndicat des patrons s'est formé. Immédiatement il a eu les encouragements et l'approbation de l'administration municipale. Une série des prix a paru sans qu'aucun architecte ait été consulté. N'importe! cette série a été approuvée; vous nous avez même convoqués à ce sujet pour nous demander de revêtir cette série de notre approbation. Je ne sais combien d'architectes ont répondu à votre appel; ils n'ont pas dû être nombreux. La raison, c'est que les architectes font les prix et ne les subissent pas.

Les ouvriers, de leur côté, ont formé un syndicat. En présence du prix de l'heure souvent pas trop fort porté dans la série, ils ont demandé une augmentation; c'était forcé. Sur le refus des patrons, la grève a commencé. Combien de temps durera-t-elle? Nul ne le sait.

Eh bien! Monsieur le Maire, il semblait que je prévoyais ce triste état de choses. C'est pourquoi j'avais inséré au bas du bordereau la clause suivante : « Pour tous travaux, l'entrepreneur ou ses sous-traitants payeront l'heure des différents ouvriers de la façon suivante, quel que soit le rabais consenti par eux. » — Suivent les prix. Les prix auraient pu paraître un peu élevés, mais je suis convaincu que si les ouvriers avaient appris qu'un minimum avait été fixé par l'administration, et que ce minimum allait être bientôt appliqué pour les travaux communaux du presbytère, la grève n'aurait pas eu lieu, ou tout au moins n'aurait pas été de longue durée.

Sur ce sujet, j'aurais encore beaucoup à dire; j'y reviendrai si l'occasion se présente.

Veuillez agréer, etc.

H. CLAPIER.

Quelques explications sont nécessaires.

Comme je l'ai déjà dit, mon prédécesseur, au lieu d'avoir un traitement fixe, percevait 5 0/0 sur les travaux de toute nature. Lorsque M. Lacoste me dit, au sujet du dossier du presbytère qui fut rédigé après le 1ᵉʳ janvier 1893, sur sa demande et celle de l'administration, de porter mes honoraires à 5 0/0, je crus que, pour moi, il en serait de même à l'avenir. Et j'étais d'autant plus autorisé à le croire qu'aucune notification ne m'avait été faite par la municipalité. On ne m'avait rien dit, ni par écrit ni même verbalement. On avait donc honte de la mesure inique qu'on avait prise à mon égard !

M. le curé de Saint-Martin avait demandé et obtenu qu'on lui ménageât au troisième étage une ou deux pièces à donner et une chambre de récréation. Cette chambre de récréation était destinée à recevoir un billard. Par discrétion, et sur la demande de la municipalité, je n'avais jamais parlé du but de cette salle. La municipalité n'osa pas faire cet aveu à la commission des travaux qui demandait des explications, et aima mieux déclarer que j'avais dépassé mon mandat ; ce qu'elle répéta, du reste, en assemblée générale. Cette déclaration était fausse absolument, car, lorsque MM. Teliet, agent voyer, Coq, piqueur, et Massounier, entrepreneur, se présentèrent au presbytère, mes plans et devis en mains, pour examiner une à une les réparations projetées par moi, M. le curé leur ayant affirmé que MM. le maire et Lacoste lui avaient promis l'installation de ces chambres, et qu'en faisant cet aménagement j'avais agi selon leur volonté, et qu'ainsi je n'avais nullement dépassé mon mandat, M. Teliet répondit : « Je n'ai donc qu'à me retirer et à faire cette communication à M. le maire. » Mais celui-ci, ne voulant pas s'incliner devant cette déclaration qu'il savait être vraie, passa outre, et les travaux furent adjugés sur mes plans et devis modifiés et réduits dans le bureau de l'agent voyer. Ce qui n'a pas empêché le conseil municipal, sur la proposition de la municipalité, de voter des félicitations à M. Teliet au sujet d'une économie de 1,500 francs qui devait provenir du rabais.

Il est donc bien établi que je n'avais nullement dépassé mon mandat, et que je m'étais strictement conformé aux ordres qui m'avaient été donnés.

A propos du presbytère, comme des autres constructions, il n'est douteux pour personne que la municipalité n'a eu qu'un but: m'amoindrir, me discréditer, nuire à ma considération et porter atteinte à mon renom professionnel. Et la municipalité a été d'autant plus coupable à mon égard, à propos du presbytère, que, suivant sa déclaration, je n'étais plus sous ses ordres, mais un architecte libre, au talent duquel elle avait fait appel en cette circonstance.

Ce n'est pas tout.

La municipalité et le conseil municipal actuels, en haine de la municipalité et du conseil municipal précédents, ont cherché à insinuer que tout ce qui avait été fait était mauvais, afin de jeter le discrédit sur leurs devanciers. Ils ne songeaient pas, en agissant ainsi, que les prétendues erreurs du passé ne sont le plus souvent que les ignorances du présent, et que, s'ils occupaient leur place, ils étaient loin de les avoir remplacés. Impuissants à les atteindre, c'est sur l'architecte qu'ils dirigèrent leurs coups, espérant les frapper par un choc en retour. C'est ainsi qu'ils commencèrent à m'attaquer sur la forme de la salle de spectacle d'abord et sur les dépenses ensuite. Ils ignoraient que leurs prédécesseurs avaient dit, dans leur profession de foi aux électeurs : « Pas de théâtre, pas de marché couvert ; » et qu'au lieu d'une salle elliptique ou circulaire, il m'avait été demandé une salle fortement éclairée, où on pût se réunir aussi bien le jour que la nuit. Que m'importait à moi de la construire dans telle ou telle forme? Je l'ai faite comme on me l'a commandée, et on a été content. Et à propros des dépenses, étais-je la cause, si l'administration avait acquis un mobilier plus complet, plus confortable, plus riche que celui qui était prévu, si elle avait commandé des décors en bien plus grande quantité ; si, la salle une fois terminée, on avait demandé une décoration plus belle ; si la commission des bâtiments civils avait imposé la déviation du canal ; si, sur la demande de certains directeurs, on avait ajouté des améliorations ; si la dépense s'était accrue d'autant?

La salle et les dépendances avaient coûté ce que prévoyait le devis. L'architecte n'a pas à se mêler de ce que fait l'administration d'accord avec le conseil ; cela ne le regarde pas. Du reste, ces travaux et cet excédent de dépenses furent approuvés par le conseil, et le meilleur témoignage qu'il pût me donner de sa satisfaction, ce fut de voter une somme de 561 fr. 51 pour honoraires portant sur des travaux supplémentaires, honoraires que je n'avais pas demandés. (Séance du 31 mars 1890.)

Il n'y avait donc pas à revenir sur cette question. Mais les griefs, on les cherchait partout et on se complaisait à les faire naître. Du reste, l'aveuglement était si grand qu'un membre du conseil proposa un jour de vendre le théâtre. C'était à ne pas y croire.

Et sur le collège que n'a-t-on pas dit !

En 1886, alors que j'étais architecte de la ville de Villefranche (Aveyron), où je venais de faire construire le collège, je fus appelé par la municipalité de Brive, pour remplacer son architecte qui venait d'être révoqué à l'occasion des travaux du collège. Quand je pris la direction des travaux, les murs atteignaient, sur une grande partie, le plancher du premier étage. M'étant mis résolument à l'œuvre, je débrouillai la situation au mieux possible, et l'inauguration, conformément aux désirs souvent exprimés par l'administration, put être faite au mois d'octobre 1888. A cette occasion, M. le ministre voulut bien m'accorder les palmes d'officier d'Académie. Et à la séance du 27 mai 1889, M. Roche, alors maire, dans son exposé des travaux du collège, disait :

« Il importe de vous faire connaître le chiffre des travaux exécutés selon les décomptes dressés par M. Clapier, qui, sans être l'auteur du projet primitif, l'a fait exécuter exactement au mieux des intérêts de l'État et de la ville de Brive. » Et plus loin : « Nous ne saurions terminer ce long exposé sans féliciter M. l'architecte de la ville de Brive d'avoir su s'inspirer aussi bien d'un projet qu'il n'avait pas conçu que des circonstances dans lesquelles il a été chargé d'un travail aussi considérable.

« C'est pourquoi nous sommes heureux, et vous le serez aussi, Messieurs, de le féliciter de l'œuvre qu'il a terminée, nous souvenant d'ailleurs que le gouvernement de la République, devançant nos désirs à tous, l'a justement récompensé de son labeur à l'occasion de l'inauguration de notre établissement universitaire. »

Voilà comment me jugeaient ceux qui m'avaient vu jour pour jour aux prises avec les nombreuses difficultés, et qui avaient pu enfin se rendre compte de mes efforts continuels pour mener rapidement à bonne fin cette œuvre considérable.

Il appartenait à l'administration et au conseil municipal actuels, étrangers à cette construction, de porter un jugement différent. Puisant l'inspiration à des sources malsaines, on dit que les grilles n'étaient pas conformes aux plans, que le prix était trop élevé, qu'elles étaient en fonte, que des bahuts de mur de clôture étaient défectueux, qu'il en était de même de certaines menuiseries.

Toutes ces choses dites en plein conseil municipal, alors qu'il ne m'était pas possible de répondre, produisaient un mauvais effet, dont je devais supporter les conséquences. Si, avant de tenir publiquement un pareil langage, on m'avait fait l'honneur de me demander des explications, j'aurais répondu :

1° Qu'il n'existait pas de dessins de grilles dans le dossier approuvé. (Les feuilles de plans étaient à l'échelle de 0,01 sans aucun détail.)

2° Qu'une erreur du devis indiquait un développement bien inférieur au développement réel.

3° Que, d'accord avec l'administration et avec le bon sens, on avait affaibli les grilles intérieures pour renforcer les grilles extérieures, et que toutes ces grilles avaient été payées conformément aux prix du devis.

4° Que les grilles extérieures exigeant une main-d'œuvre plus compliquée, on avait accepté dans la frise inférieure des rosaces en fonte, qu'il n'eût pas été possible d'obtenir en fer forgé.

5° Que les bahuts des murs de clôture reconnus mauvais avaient été refusés à l'entrepreneur par lettre recommandée, et que l'administration en avait été prévenue.

6° Qu'il en avait été fait de même au sujet des menuiseries reconnues défectueuses.

N. B. Sur ces deux derniers articles, il y a eu expertise ordonnée par le conseil de préfecture. Ces procès furent soutenus par l'ancienne administration.

Enfin, un soir que je fus appelé par la commission des travaux en même temps que l'entrepreneur de serrurerie, on parla beaucoup et pendant longtemps sans trop savoir ce qu'on disait, et lorsque l'entrepreneur eut déclaré que, bien qu'il fût payé, il acceptait une expertise, et qu'il prenait l'engagement de s'incliner devant le verdict d'hommes compétents qui ne tiendraient aucun compte du devis et estimeraient les travaux à leur valeur, qu'il rembourserait s'il avait trop perçu ou que la ville payerait une plus-value, si telle était leur décision, un membre impatienté dit : « Je ne sais pas trop ce que nous faisons en ce moment. Le travail est bien fait, d'un bel aspect, et il a été reçu par l'architecte et par l'ancienne administration. Que voulez-vous de plus ? » C'est alors qu'un autre membre ajouta : « J'affirme que cette grille extérieure vaut largement le prix qu'elle a été payée. » (Le prix du devis avait été appliqué comme toujours.) La séance prit fin. On avait fait beaucoup de bruit pour rien, mais le public, qui n'était pas au courant, restait toujours fâcheusement impressionné à mon endroit, car on ne manquait jamais de l'informer. Et de quelle manière !

Un jour que nous examinions les grilles du collège avec deux conseillers chargés de s'assurer si les grilles étaient en fer, car, ceci paraîtra extraordinaire, mais certains ignorants ou de mauvaise foi, peut-être les deux, avaient affirmé qu'elles étaient en fonte, ce qui ne supporta pas le moindre examen, je dis à ces messieurs : « En quoi avez-vous à vous plaindre de moi ? Vous en voulez sans raison à l'ancien maire et à tous ceux qui ont été ses collaborateurs. Aujourd'hui, comme par le passé, je suis architecte de la ville, et non l'architecte de tel ou tel maire. Je suis dévoué à la nouvelle comme à l'ancienne administration et je fais mon devoir ; qu'avez-vous à me reprocher ? Aussi je trouve incompréhensibles vos attaques et vos taquineries continuelles. Je sens que tout ce qui m'arrive, c'est à cause de M. Roche. Vous vous êtes débarrassés de lui, et vous voulez nous écarter tous les uns après les autres. — Puisque vous comprenez si bien la situation, me dit un des membres, pourquoi ne donnez-vous pas votre démission ? — Je m'en garderais bien, répondis-je ; j'aurais l'air d'avoir tort, et je ne crains rien. »

Un autre membre du conseil dit un jour en pleine assemblée que j'avais perçu de trop sur mes honoraires du collège, et qu'au lieu de toucher 3 fr. 34 0/0, je n'aurais dû toucher que... un chiffre inférieur, je ne sais plus lequel. La municipalité savait bien que je n'avais rien perçu indûment ; mais, voyant qu'il y avait là occasion d'une nouvelle attaque contre l'ancienne administration et contre l'architecte, au lieu de fournir immédiatement des explications, comme c'était son devoir, elle laissa complaisamment dire des choses désagréables sur le compte des uns et des autres. Les explications arrivèrent, mais un peu tard, dans une séance bien ultérieure. Un jour que, dans le bureau de M. le maire, j'en parlais à un conseiller, celui-ci me répondit : « Nous savons bien que vous n'avez touché que ce qui vous est dû ; mais comme les règlements ne sont pas terminés, nous ne voudrions avoir rien plus à vous payer. Voilà. »

Tous savaient bien que lorsque je vins à Brive, M. le maire me dit : « M. Bonnay a perçu 1 fr. 66 0/0 sur l'ensemble du projet, et 5 0/0 sur les travaux qu'il a fait exécuter. Vous toucherez 3 fr. 34 0/0 sur ce qui reste à faire. » Tous les certificats de payement ont porté le taux 3 fr. 34 0/0, et tous ont été ainsi ordonnancés et payés.

Ceci, du reste, m'avait laissé bien froid, car je sais qu'un architecte qui élabore des projets et plans sur le projet d'un autre architecte, et qui a tenu compte de ce dernier projet dans l'élaboration du projet définitif, a droit à des honoraires plus élevés que pour la simple rédaction du plan. (Cons. d'État, 7 mars 1873, Bartholdi.) A plus forte raison ces honoraires devraient-ils être augmentés lorsque l'architecte a été appelé en cours d'exécution à faire exécuter des travaux commencés contrairement au projet approuvé, et qu'il a été forcé de faire, sur place et au bureau, de nombreuses études et rectifications, pour pouvoir les continuer conformément au projet primitif. C'était le cas. Ce n'est pas au taux de 3 fr. 34 0/0, mais bien de 5 0/0 que ces travaux auraient dû m'être payés.

J'ai terminé mon exposé. J'ai fait connaître l'attitude de l'administration et du conseil municipal à mon égard, au sujet de l'hôtel des postes, du kiosque, du presbytère, du théâtre et du collège ; j'ai relaté toutes les taquineries, toutes les injustices, tous les efforts pour me discréditer, m'amoindrir, pour nuire à ma considération et porter atteinte à mon renom professionnel. J'ai mis sous vos yeux cet arrêté inqualifiable de M. le maire. Qu'avais-je fait pour mériter tout cela ? Rien. Bien au contraire, ma conduite à leur égard a toujours été correcte, exempte de tous reproches. Par mon application, par ma ponctualité, j'espérais qu'ils finiraient par reconnaître leur erreur, et que leur injustice aurait un terme. Vaine espérance : j'avais trop présumé de ces messieurs. Il y a des sentiments que certains ne connaîtront jamais.

Lorsque j'eus quitté Villefranche, où j'avais fait exécuter de nombreux travaux pour la ville et pour les communes, le rapporteur du budget, peu de temps après mon départ, disait dans son rapport : « M. le maire, pendant son voyage à Paris, s'occupera de trouver un architecte. Nous désirons que son choix soit heureux, pour que nous ayons moins à regretter l'architecte qui vient de nous quitter. » (Journal *la Dépêche*, 9 juin 1886.)

Je crois que l'ancienne administration de Brive n'aurait pas tenu, en pareil cas, un langage différent. Les éloges qui me furent adressés par M. le maire en séance publique et par le rapporteur du budget, après les travaux du collège, sont là pour en témoigner. Il était dit (*Bull. mun.*, page 148, année 1888) : « La distinction dont a été honoré M. Clapier lors de l'inauguration de notre collège, nous dispense de faire l'éloge du nouvel officier d'Académie. Il nous suffira de joindre nos félicitations à celles qu'a reçues M. Clapier, du nombreux public qui a été à même d'apprécier les qualités qui distinguent notre sympathique architecte. »

En quittant Villefranche, j'ai laissé une bonne situation, car ma clientèle s'étendait dans le Lot et le Tarn-et-Garonne ; je l'ai quittée pour une qu'on me disait meilleure et qui l'a été en effet jusqu'à l'avènement du nouveau conseil. A peine les attaques eurent-elles commencé, que la clientèle des communes et des particuliers s'éloigna insensiblement, et aujourd'hui je n'ai plus rien à faire. Et cependant les maisons dont la construction m'avait été confiée sont bien supérieures à celles qui avaient été élevées avant et depuis. Les exemples sont nombreux et les comparaisons faciles. C'est désastreux. En demandant, dans ma requête, une indemnité de 12,000 francs pour préjudice porté, j'espérais que je n'avais en moins que les travaux de la ville et les 1,700 francs de traitement, et la perte provenant d'un abandon passager de la clientèle. Je m'étais trompé. Les coups ont été plus terribles, car cet abandon est complet ; mon avenir est absolument compromis. Aussi je n'hésite pas à porter de 12,000 à 30,000 francs l'indemnité nécessaire pour réparer le mal qui m'a été fait. Et, je le déclare bien hautement, je suis encore au-dessous de la vérité ; et je puis fournir des preuves à l'appui.

Il est pénible, quand, par des études longues et dispendieuses, quand, par un travail et une application soutenus, quand, par une conduite sans reproche, on est parvenu, avec le temps, à se créer une situation honorable, au point de vue matériel et moral à la fois, de voir que cette situation est brusquement compromise, anéantie par la passion et la haine inqualifiable de quelques-uns. Si la municipalité, en prenant possession de l'hôtel de ville, m'avait enlevé brusquement mes appointements, sous le vain prétexte de réaliser des économies, je me serais incliné forcément, car je n'ignore pas que les communes ont toujours le droit de réduire les dépenses. J'aurais perdu la clientèle de la ville, c'est certain, mais j'aurais conservé celle des communes et des particuliers ; mais elle m'a remplacé par un agent voyer cantonal qui se dit lui-même incapable. Ce n'était donc pas dans ce but qu'elle se privait de mes services. Son but, je l'ai fait connaître : me nuire matériellement et moralement.

Je supplie Messieurs les membres du conseil de préfecture de vouloir bien prendre des renseignements au sujet de la façon dont j'ai rempli mon mandat sous l'ancienne comme sous la nouvelle administration ; de voir combien a été différente la manière de me traiter de ces deux administrations, et aussi de se rendre bien compte de la triste position qui m'a été faite par les attaques injustes et incessantes de la municipalité actuelle.

Messieurs les membres du conseil de préfecture acquerront alors la certitude que, dans mon exposé, je me suis tenu au-dessous de la vérité, et que l'indemnité que je réclame ne me dédommagera pas du préjudice porté.

NOTE DES HONORAIRES

COLLÈGE DE JEUNES FILLES

Dans le courant de l'année 1887, je reçus de M. le maire le mandat de dresser des plans et devis en vue de l'aménagement de l'ancien collège pour un collège de jeunes filles. M. le maire, en faisant la statistique des travaux que la ville de Brive avait encore à exécuter, dit (page 37, année 1887, *Bull. m.*, séance du 9 juin) : « La question suit son cours : M. l'architecte dresse en ce moment les plans et devis réclamés par le ministère. »

Ce dossier fut remis à la mairie à la date du 22 septembre 1887, et le 20 juin 1890 il fut encore remis à M. le maire deux plans nouveaux modifiés conformément à la demande ministérielle, et un devis complémentaire, le tout, comme précédemment, en double expédition.

A la séance du 19 décembre 1888 (*Bull. mun.*, page 249), une commission est nommée pour l'examen du dossier, et à la séance du 28 avril 1889, elle lit un rapport que le conseil approuve.

A la séance du 11 décembre 1890 (*Bull. m.*, page 111), en réponse à une lettre communiquée par M. le préfet, le conseil décide de prendre à la charge de la commune la moitié des dépenses d'appropriation de l'ancien collège.

Le projet n'a pas été suivi d'exécution, le nouveau conseil ne s'en étant pas occupé.

Montant du devis, 71,677 fr. 50; à 1 0/0 . . . .   716 fr. 77

ÉCOLE PROFESSIONNELLE

A la séance du 22 janvier 1888, M. Lachaud demanda la création à Brive d'une école d'apprentis. Le conseil nomma une commission qui visita avec moi les bâtiments anciennement occupés par les frères. A la suite de cette visite je fus chargé de rédiger plans, devis, etc., pour l'aménagement de ces bâtiments.

Le dossier complet fut remis le 20 février 1889.

Ce projet n'a pas été suivi d'exécution.

Le montant de la dépense était de 13,649 fr. 88; à 1 0/0 . . . .   136 fr. 49

DEUXIÈME PROJET POUR LA CONSTRUCTION D'UN HOPITAL DEMANDÉ PAR LA VILLE

A la suite de l'entente intervenue entre la commission de l'hospice et la ville de Brive, je fus chargé par la ville de refaire le projet, conformément aux prescriptions contenues dans le rapport de M. Lachaud, désigné rapporteur par la commission nommée par le conseil municipal. Le rapport de M. Lachaud, que le conseil municipal jugea utile de faire imprimer et qui porte la date du 31 décembre, prescrit point par point, en suivant une à une toutes les constructions, les réductions qui doivent être faites. C'est conformément à ces prescriptions que les nouveaux plans et devis furent dressés, et la dépense ramenée au chiffre fixé par le rapport.

Ces nouveaux plans et devis atteignaient à la somme de 578,748 fr. 22, déduction faite des honoraires.

J'aurai occasion de m'étendre plus longuement sur cette question, au sujet de mon premier projet demandé par la commission hospitalière. Je tiens cependant à dire ici que, contrairement à ce que dit M. le maire dans son exposé à la séance du 9 décembre 1890 :

1° A l'occasion de l'hôpital d'Aurillac, dont le montant ne devait pas, selon lui, dépasser 600,000 fr., qu'il ne s'était pas suffisamment renseigné auprès de MM. Fesq, maire, et Grandin, architecte, car il aurait appris comme moi que dans le chiffre de 600,000 fr. n'étaient pas compris le bâtiment d'administration et autres, ni les murs de clôture, etc., constructions qui, d'après l'architecte, devaient doubler au moins la dépense. Cette dépense aurait même triplé, à ce qu'on m'a dit. Si c'était nécessaire, il serait facile de se renseigner.

2° Que le chiffre de la dépense avait effrayé MM. les membres de la commission hospitalière. Cela ne me paraît guère possible, et je suis même certain qu'ils s'attendaient à une pareille dépense, car M. le maire, dans la séance du 3 septembre 1887, disait : « Pour arriver à la construction d'un hôpital, il s'agit de trouver une somme de 7 à 800,000 francs. » Et la commission hospitalière avait pensé que cette construction coûterait 800,000 francs (séance du 28 mai, *Bull. m.*, page 39, année 1890).

Et dans la séance du 27 mai 1889, M. le maire dit : « Je tiens à faire remarquer au conseil que la construction d'un hôpital est une opération de longue haleine, à laquelle l'État contribuera sérieusement. Mais, comme il s'agit de la dépense d'un million, il importe d'avoir les ressources avant de commencer.

« Toutefois, ajoute M. le maire dans la séance du 28, cette somme (500,000 francs) paraît insuffisante, car, après un profond examen, la commission reconnaît que pour construire un hôpital répondant aux besoins de l'armée, il faut prévoir une somme de 800,000 francs. »

J'ai tenu à mettre sous les yeux de MM. les membres du conseil de préfecture ces quelques renseignements, afin de prouver que je m'étais tenu dans les limites des dépenses prévues. On avait toujours parlé de huit cent mille francs à un million. Plusieurs disaient même : « Il serait étonnant qu'on marchandât pour un hôpital, alors qu'on a dépensé 1,400,000 francs pour le collège. »

En conséquence, les plans et devis demandés par le conseil municipal et remis en double expédition, pour la construction de l'hospice-hôpital civil et militaire, dressés conformément aux prescriptions imposées, s'élevant à la somme de 578,768 fr. 22; à 1,66 0/0.................................... 9,607 fr. 22 (Conseil d'État, 6 déc. 1889, commune de Venzolasca; 20 mars 1889, commune de Tourny.)

COLLÈGE

Il est d'usage que les honoraires des architectes soient réglés sur le chiffre total de la dépense, déduction faite des rabais, ou avec augmentation des plus-values. Or, au moment du règlement, la ville étant en procès avec les entrepreneurs Rumel et Filliol, qui lui réclamaient une somme bien supérieure à celle portée au décompte, le règlement définitif de mes honoraires ne put pas être arrêté. Il était nécessaire d'attendre les arrêts du conseil de préfecture. Ces arrêts étant rendus, et les sommes allouées étant supérieures au décompte de 24,000 pour l'un et pour l'autre, les honoraires me sont dus sur cette somme; à 3 fr. 34 0/0.... 804 fr. 60

Cette augmentation de 24,000 francs, somme qui peut ne pas être rigoureusement exacte, car je n'ai pu la connaître qu'approximativement, entraîne inévitablement une augmentation correspondante des honoraires.

ÉCOLE DES JEUNES FILLES DU SALAN

Pour les mêmes raisons, le décompte des travaux exécutés par Dumond ayant été majoré de 10,000 fr. environ, il me reste dû, à 3 0/0.............. 300 fr.

PRESBYTÈRE SAINT-MARTIN

Le devis du presbytère Saint-Martin s'élevant à 12,183 fr. 38, il m'est dû, par application de l'article 1794 du Code civil (cons. d'État, 18 nov. 1869, Castex, Leb., p. 879; cons. de préf. Seine, 1er mai 1883, Bunote c. com. de Puteaux), tout ce que j'aurais gagné dans cette entreprise. Soit à 5 0/0............. 609 fr. 16

J'ai dit ailleurs que ce travail m'avait été commandé après le 1er janvier 1893. C'est par erreur que, dans ma requête, je n'avais réclamé que 1,66 0/0 sur le chiffre de la dépense.

HOTEL DES POSTES

Reliquat d'honoraires. . . . . 668 fr. 16

Décompte général demandé par l'administration municipale, ce décompte n'étant pas dû, les travaux ayant été pris à forfait : 40,245 fr. 95, à 1.66 0/0. . . .   668,08

Le premier dossier de l'hôtel des postes, qui n'avait rien de commun avec celui qui a été suivi d'exécution, fut remis à M. le maire le 27 janv. 1891 et complété suivant les demandes de l'administration par les plans des caves et des mansardes. La dépense s'élevant à 33,850 fr. 89, il m'est dû pour honoraires, à raison de 1, 66 0/0. . . . . 561 fr. 92

———

Indemnité pour révocation sans motif et préjudice porté intentionnellement à ma considération, à mon renom professionnel, par actes, paroles et écrits.   30,000 fr.

———

Je dois expliquer pourquoi le taux des honoraires est variable. Quand j'arrivai à Brive, M. le maire me dit : « Il est convenu et arrêté que pour tous les travaux exclusivement municipaux qui n'atteindront pas 10,000 fr., vous ne percevrez pas d'honoraires, qu'il y ait oui ou non des plans et devis; 3 0/0 sur ceux qui dépasseront ce chiffre, 3,34 0/0 sur tous les travaux qui restent à faire au collège, et le taux ordinaire sur les travaux qui vous arriveront incidemment ou qui ne seront pas exclusivement municipaux. » C'est ainsi que j'ai perçu 5 0/0 sur la caisse d'épargne, 5 0/0 sur l'hôtel des postes, que je réclame 1,66 0/0 pour dossier de l'hôpital, tandis que je demande 3 0/0 pour reliquat des honoraires sur le montant total du décompte de l'école des jeunes filles.

RÉCAPITULATION

1° Honoraires pour collège de jeunes filles.	716ᶠ 77
2° Id. pour école professionnelle.	136 49
3° 2ᵉ projet de l'hôpital.	9,607 22
4° Solde des honoraires du collège	801 60
5° Solde des honoraires de l'école des jeunes filles	300 »
6° Honoraires du presbytère	609 16
7° Reliquat d'honoraires de l'hôtel des postes	668 16
8° Honoraires pour décompte général	668 08
9° 1ᵉʳ projet de l'hôtel des postes.	561 92
10° Indemnité	30,000 »
TOTAL.	44,069 40

En conséquence, la somme que je réclame à la ville de Brive, et qui après vérification sera certainement reconnue exacte, s'élève à quarante-quatre mille soixante-neuf francs quarante centimes, plus les intérêts.

Brive, janvier 1894.

H. CLAPIER.

HOPITAL

Au mois de novembre 1888, M. le maire de la ville de Brive, président de la commission de l'hospice, m'annonça que, pour donner satisfaction aux légitimes désirs de la population, et surtout parce que les locaux actuels, outre qu'ils étaient par trop insuffisants, étaient dans un état de délabrement trop grand, ladite commission était décidée de construire, le plus tôt possible, un hospice-hôpital civil et militaire, et de le placer au nord de la ville, à proximité de la route de la Pigeonnie et du chemin d'Ussac, et qu'elle voulait bien me confier la rédaction des plans et devis et la direction des travaux, mais aux conditions suivantes :

1° Que je m'occuperais immédiatement de la rédaction de ce dossier ;

2° Que je signerais la déclaration dont il me donna lecture et qui est conçue en ces termes :

« Je soussigné H. Clapier, architecte de la ville de Brive, m'engage envers la commission administrative de l'hospice Dubois, à dresser et établir les plans, devis et cahier des charges pour la construction d'un hôpital sur un emplacement à désigner au nord de la ville, aux conditions suivantes :

« Il ne me sera dû d'honoraires qu'après que ce projet aura été approuvé par la commission administrative de l'hôpital, le conseil municipal, le conseil des bâtiments du département et par celui qui siège au ministère.

« Dès que ces formalités seront remplies et que les plans seront définitivement approuvés, je prends l'engagement de ne réclamer des honoraires que lorsque l'exécution m'aura été commandée par la commission de l'hospice.

« Brive, le 5 novembre 1888.

« Signé : H. Clapier. »

Vu et accepté.
Le maire de Brive, président de la commission administrative de l'hospice Dubois,

Signé : Roche.

Il était d'usage à Brive, lorsque le dossier d'une construction revenait approuvé, que l'architecte se fît payer le tiers des honoraires, et plus tard, au fur et à mesure de l'avancement des travaux, de ne percevoir que 3,34 0/0 au lieu de 5 0/0. Cela se pratiquait ainsi, et pour les travaux du collège et autres mon prédécesseur n'avait pas agi autrement.

D'un autre côté, la commission hospitalière, qui s'occupait depuis longtemps de la reconstruction d'un hôpital, avait commandé à divers architectes des dossiers auxquels elle n'avait pas donné suite, et que cependant elle avait payés. C'était seulement pour me faire attendre l'ouverture des travaux que cette clause m'avait été imposée et que je l'avais acceptée, sur l'affirmation qu'on ferait le nécessaire pour que toutes les formalités fussent remplies le plus promptement possible. D'ailleurs, à cette époque, commission hospitalière, conseil municipal et population s'étaient prononcés pour la reconstruction immédiate, au point qu'il ne se passait pas de semaine sans qu'on me demandât de tous côtés où j'en étais du projet. Je recevais même souvent la visite de personnages officiels qui s'intéressaient à cette reconstruction. Et, à partir du jour où je m'étais mis à l'œuvre, jusqu'au jour de la remise du projet, sauf pour les besoins du service, je fus obligé de me consacrer exclusivement, mes employés et moi, à ce vaste projet. Du reste, lorsque M. le maire, dans la séance du 9 décembre 1888, annonça au conseil municipal que je me chargeais de la rédaction du dossier de l'hôpital, un membre du conseil « demanda à quelle époque M. Clapier devra fournir ce projet; le délai d'un mois devrait lui suffire ». M. le maire répondit : « Impossible de fixer un délai aussi court; le temps matériel manquerait à n'importe quel architecte s'il devait faire un tel projet en un mois. » Le même membre dit « qu'il avait lui-même une proposition à faire relativement à la reconstruction de l'hospice ; il ne la fait pas puisque l'administration s'est déjà occupée de cela ; mais il déclare que si dans trois mois le projet n'est pas soumis au conseil, il reprendra sa proposition et fera son devoir. »

De cette délibération, qui exprimait les sentiments de tous, il résulte que le projet de la reconstruction de l'hôpital était vivement désiré, et qu'il tardait beaucoup que ce projet fût suivi d'exécution. C'est ce que je croyais aussi, et c'est la raison pour laquelle j'avais signé la déclaration.

Le projet complet fut remis en double expédition à M. le président de l'hospice le 16 mai 1889.

Il comprenait :

N° 1. Maternité.
N° 2. Chapelle : façade.
N° 3. Buanderie.
N° 4. Chapelle : plans; logement de l'aumônier, etc.
N° 5. Pavillon des vieillards : plans.
N° 6. Pavillon des blessés : hommes, femmes.
N° 7. Dispensaire.
N° 8. Buanderie, bains : façade.
N° 9. Pavillon militaire : façade.
N° 10. Pavillon des blessés, fiévreux : façade.
N° 11. Pavillon militaire, fiévreux : plans.
N° 12. Pavillon central : sous-sol.
N° 13. Pavillon central : premier étage.
N° 14. Deuxième étage.
N° 15. Rez-de-chaussée.
N° 16. Façade : coupe.
N° 17. Façade d'ensemble.
N° 18. Plan de la ville et des faubourgs.
N° 19. Pavillon d'isolement : façade.
N° 20. Plan d'ensemble.
N° 21. Devis estimatif.
N° 22. Bordereau des prix.
N° 23. Cahier des charges.

M. le maire soumit ce projet à la commission hospitalière, laquelle accepta, mais à la condition que, moyennant une certaine subvention, la ville prendrait à sa charge la reconstruction de l'hôpital. On discuta beaucoup, et, en fin de compte, la ville finit par accepter les propositions de la commission de l'hospice et me demanda un remaniement complet du dossier, qui fut fait pour le compte de la ville, et pour lequel j'ai demandé ailleurs des honoraires.

Ce premier projet, qui n'a pas été suivi d'exécution pour des causes qui me sont étrangères, et qui constitue un travail très sérieux, doit m'être payé aux conditions d'usage, c'est-à-dire à 1,66 0/0, taux en usage dans la Corrèze (Cons. d'État, 11 juillet 1867, ville de Cannes ; 5 décembre 1873, commune de Saint-Maixent c. Vallet ; 9 janvier 1874, Allaux c. comm. d'Arès ; 8 août 1882, Jory c. comm. de Trouville ; 2 mai 1884 ; Dufils c. comm. de Saint-Étienne-de-Vauvray ; 24 avril 1885, sieur Laudix ; 27 mars 1885, Esquié c. ville de Toulouse ; 19 mars 1886, sieur Mesure c. ville d'Yères.)

Et comme il s'élève à 797,269 fr., il m'est dû, à 1,66 0/0...... 13,234 fr. 62

J'ajouterai que ce projet, conçu et dressé en 1888-1889, a été fait conformément aux prescriptions contenues dans le livre *Revue d'hygiène et de police sanitaire,* d'après les indications du rapport de M. Rochard et le système Tollet, en tenant compte des ressources de la commission hospitalière. Je dirai, en outre, qu'à ce sujet j'ai été visiter l'hôpital du Havre, comme cela m'avait été recommandé ; que mon projet, comme en témoigne la lettre de M. Lachaud, médecin de l'hospice de Brive, à la commission hospitalière ainsi que son rapport, remplissait toutes les conditions d'après les hommes compétents en la matière qu'il avait consultés, et que de plus M. de Baudot, appelé par lui à donner son avis, avait déclaré qu'à part quelques légères modifications qu'il signala, et qui furent immédiatement introduites, ce projet serait intégralement approuvé par la commission supérieure des bâtiments civils ; que lui-même, s'il était consulté, donnerait son entière approbation.

En conséquence, je demande qu'il me soit payé par la commission de l'hospice la somme de treize mille deux cent trente-quatre francs soixante-deux centimes, plus les intérêts .... 13,234 fr. 62

Brive, janvier 1894.

H. CLAPIER.